VENTE A PARIS

Jeudi 14 Décembre 1922

Hotel Drouot, Salle n° 9

MONNAIES ROMAINES

MONNAIES GAULOISES

Monnaies Françaises

JETONS

COMMISSAIRE-PRISEUR :	EXPERT :
Me Maurice CARPENTIER Succr de Me BOUDIN 14, rue de la Grange-Batelière	M. Étienne BOURGEY 7, rue Drouot, 7

PARIS

Monnaies Romaines

MONNAIES GAULOISES

Monnaies Françaises

JETONS

VENTE AUX ENCHÈRES PUBLIQUES

A PARIS, HÔTEL DES COMMISSAIRES-PRISEURS, RUE DROUOT, 9

SALLE Nº 9

LE JEUDI 14 DÉCEMBRE 1922

A DEUX HEURES PRÉCISES

COMMISSAIRE-PRISEUR :	EXPERT :
Me MAURICE CARPENTIER	M. ETIENNE BOURGEY
Succr de Me BOUDIN	
14, Rue de la Grange-Batelière	*7, Rue Drouot, 7*

Exposition particulière :

Du 11 au 13 Décembre 1922, chez M. Etienne BOURGEY, expert 7, rue Drouot. (Téléphone : Central 74-64).

La vente aura lieu au comptant.

Les acquéreurs paieront 17,50 pour cent en sus des enchères.

L'authenticité des pièces est garantie.

M. Etienne BOURGEY, 7, rue Drouot, se charge d'exécuter les commissions qui lui seront confiées.

L'ordre du catalogue sera suivi. L'expert se réserve le droit de diviser ou réunir les lots.

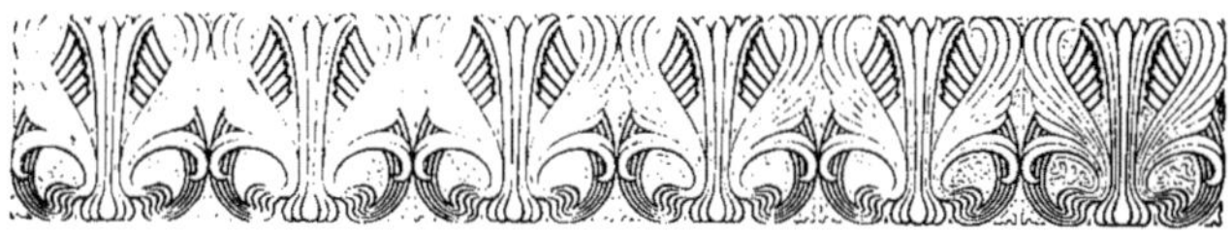

MONNAIES ROMAINES

1 **République**. *Rome*. Tête de Janus. ℞. Quadrige. ROMA en creux. Babelon 23. Double denier. Arg. TB.

2 — Même type. Module réduit. Babelon 4. Arg. TB.

3 *Tituria*. Tarpeia entre deux soldats. Arg. TB.

4 **Empire** (1). *J. César*. Éléphant (C. 40). Arg. TB.

5 *Tibère*. Livie assise à dr. 15. Arg. B.

6 *Germanicus et Caligula*. 2. Arg. TB. Rare. *Pl. I.*

7 *Claude et Agrippine*. Tête de Claude à dr. ℞. Buste d'Agrippine à dr. 3. Or. TB. Rare. *Pl. I.*

8 *Néron*. ROMA S C. Rome assise à g. 285. GB. B.

9 *Galba*. SPQR OB CIVES. 297. GB. Très beau. Patine vert foncé.

10 *Nerva*. COS III PATER PATRIAE. Instruments de sacrifice. 51. Arg. TB.

11 *Trajan*. BASILICA VLPIA. Vue de l'édifice. 42. Or. TB. Rare. *Pl. I.*

12 La Fortune assise à g. 153 var. Or. TB. *Pl. I.*

13 Victoire, 80; l'Espérance, 84; trophée, 100; Dace assis, 120; la Paix, 278. Arg. 5 p. TB.

14 Dace assis et trophée. 531. GB. TB. Patine vert brun. *Pl. I.*

15 La Paix assise à g. 636. GB. TB. Patine vert foncé. *Pl. I.*

16 Victoire et trophée. 446. MB. B. Patine vert foncé.

17 Buste radié avec l'égide. ℞. Trophée. 573. MB. Très beau. Patine vert brun. *Pl. I.*

18 *Marciane*. Aigle sur un sceptre. 7. Or. B. Rare. *Pl. I.*

19 *Adrien*. La Concorde assise à g. (Cf. 252). Or. Très beau. *Pl. I.*

20 Victoire assise à g. 1053. Quinaire. Arg. TB. Rare. *Pl. I.*

21 Victoire deb. à dr. 1126. Quinaire. Arg. TB. Rare. *Pl. I.*

22 DACIA SC. La Dacie assise à g. 528. GB. B.

23 Même type. 529. MB. Très beau. Patine vert foncé. *Pl. I.*

24 — Autre. Buste nu. 531. MB. Très beau. Patine vert foncé.

25 *Antonin*. Rome assise à g. 936. Or. FDC. *Pl. I.*

26 La Louve. 448. MB. Très beau. Patine vert foncé *Pl. I.*

27 *Faustine mère*. L'Eternité. 2. Or. Très beau. *Pl. I.*

---

(1) Les numéros se rapportent à l'ouvrage de Cohen. *Monnaies frappées sous l'Empire Romain*, 2e Édition.

28 AVGVSTA. Vesta deb. à g. Arg. TB.
29 *Marc Aurèle.* La Félicité. 177. Or. Très beau. *Pl. I.*
30 PROFECTIO AVG SC. Marc Aurèle à cheval escorté de soldats. 500. GB. TB. Rare. Patine marron. *Pl. I.*
31 *Faustine jeune.* La Santé à g. 198. Or. Très jolie pièce. *Pl. I.*
32 CONSECRATIO. Paon à dr. 71. Arg. TB.
33 *Lucius Verus.* Victoire. 247. Or. FDC. *Pl. I.*
34 *Lucille.* Vénus. 77. GB. Très beau. Patine vert foncé. *Pl. I.*
35 *Commode.* Jupiter assis à g. 421. Or. TB. *Pl. I.*
36 *Crispine.* Vénus assise à g. 41. MB. TB. Patine vert foncé.
37 *Septime Sévère.* Rome deb. à g. 751. Or. FDC. Rare. *Pl. I.*
38 Hercule et Bacchus. 117. MB. TB. Patine vert foncé.
39 *Caracalla.* Bustes et revers variés. 292 rare, 375, 413, 434. Arg. 4 p. TB.
40 *Elagabale.* L'Empereur assis à g. 165. Or. B. Rare. Trou réparé. *Pl. I.*
41 *Julia Paula.* Elagabale et Julie se donnant la main; entre eux la Concorde. 15. MB. TB. Patine vert foncé.
42 *Alexandre Sévère.* PM TRP X COS III PP. Le Soleil deb. à g. tenant un fouet (C. —). Or. TB. Rare. *Pl. I.*
43 *Trajan Dèce.* DACIA. 13. 27. DACIA FELIX. 33. Arg. 3 p. TB.
44 Les deux Pannonies. 81, 86 et 86 var. Arg. 3 p. TB.
45 DACIA. La Dacie deb. 19. GB. TB. Patine vert foncé.
46 — Même type, buste radié. 20. MB. TB. Patine vert foncé.
47 *Probus.* Le Soleil deb. 178. Or. Superbe. Rare. *Pl. I.*
48 Mars, 334, 358. Soleil, 388. Paix, 404. Captifs germains et trophée, 773. PB. Alexandrie, potin. — Ens. 6 p. TB.
49 *Dioclétien.* IOVI CONSERVATORI. Jupiter deb. à g. 248. Or. TB.
50 *Maximien Hercule. Constance Chlore. Théodora. Licinius père.* PB et MB 6 p. TB.
51 *Constantin le Grand.* Victoire. 602. Or. TB. Rare. *Pl. I.*
52 *Gratien.* VRBS ROMA. Rome assise. 86. Arg. TB.

MONNAIES GAULOISES (*)

53 *Trésor d'Auriol.* Partie antér. d'un lion dévorant sa proie. ℞. Carré creux. 303. Arg. TB.
54 *Marseille.* Tête d'Apollon à g. ℞. MA dans les rayons d'une roue. Oboles. Arg. 3 p. TB.
55 Tête de Diane à dr. ℞. Lion à g. Dr. Arg. 2 p. TB.

(*) Les numéros se rapportent au *Catalogue des Monnaies Gauloises* de Muret et de La Tour.

56 — Lion à g. Arg. TB. Taureau cornupète. Br. 2 p. B. Ens. 3 p.
57 Tête de Diane à dr. ℞. Lion à dr. Dr. Arg. TB.
Imitation de la drachme de Marseille par les Gaulois du nord de l'Italie.
58 *Cavares ?* Tête laurée à dr. ℞. ..OVESI. Tête de cheval. Arg. B. Rare. *Pl. II.*
59 *Cavaillon.* CABE. Tête de la Nymphe. ℞. COL. Tête casquée à dr. 2563. Br. B.
60 *Volques Arécomiques.* Tête. d'Apollon à g. ℞. Cheval. 2637. Arg. AREC. Démos deb. à g. Br. — Ens. 2 p. TB.
61 *Allobroges.* Chamois. 2896. Hippocampe. 2919. Arg. 2 p. B.
62 *Elusates.* Tête informe ℞ Cheval à g. 3587. Arg. TB.
63 *Arvernes.* 3866. 3894. 3907. 3943. Br. 4 p. B. et TB.
64 *Bituriges Cubi.* 4131. Arg. — Statère fourré. — ABVDOS. Cheval. Br. — Ens. 3 p. B.
65 *Petrocores.* CONTOVTOS. 4321. T. POM. Taureau. 4353. *Segusiaves* 4628. Br. 3 p. B.
66 *Pictones.* 4433. 4461. 4483. Arg. 4 p. B.
67 *Santones.* ARIV. Tête casquée à g. ℞. ...ONOS. Cheval. 4525. Arg. B.
68 *Eduéens.* Tête à g. ℞. DIASVLLOS. Cheval. 4871. Arg. TB. *Pl. II.*
69 Autre. Dubnorix. Litavicus, etc. *Incertaines de l'Est.* Arg. 11 p. La plupart B.
70 *Séquanes.* Q. DOCI. TORIGIX. Etc. Arg. 9 p. B.
71 Types variés. Lot intéressant. 27 p. Potin. B et TB.
72 *Type des Dioscures.* Arg. 4 p B.
73 *Carnutes.* Loup assis sur un cheval à dr. 6023. Arg. B.
74 Deux chevaux à dr. — à g. Cheval. Arg. 3 p. B.
75 6077. 6088. 6202. Br. 4 p. B et TB.
76 Tête à dr. ℞. Sanglier à g. Br. Très beau.
77 *Andecaves ou Namnètes.* Tête d'Ogmius à dr.; cordons de perles. ℞. Cheval androcéphale et aurige; dessous Génie à mi-corps, 6728. Statère. Or. TB. *Pl. II.*
78 *Andecaves.* Oboles. 3 p. variées. *Namnètes.* Cheval androcéphale. Arg. 4 p. B. et TB.
79 *Osismiens.* Tête à dr. entourée de cordons aboutissant à de petites têtes ℞. Cheval androcéphale à g. 6541. Statère. Bill. TB.
80 *Curiosolites.* Statères variés. Bill. 3 p. B. et TB.
81 *Redones.* Tête laurée à dr. ℞. Cheval androcéphale à dr.; dessous, roue. 6774. 6783. Statères. Bill. 2 p. TB.
82 *Cénomanes.* Tête à dr. ℞. Cheval androcéphale et aurige à dr.: dessous, guerrier couché. 6847 var. Statère. Or. TB. *Pl. II.*
83 *Baiocasses.* Tête à dr. ℞. Cheval androcéphale et aurige à dr.; dessous, sanglier. 6955. Statère. Or. Très beau et rare en cet état. *Pl. II.*

84 Mêmes types. 6963. Tiers de statère. Or. B.
85 *Aulerques Eburovices.* Tête à g. ℞. Cheval à g.; dessous, sanglier. Demi-statère. Or. TB. *Pl. II.*
86 *Turones.* Cantorix. 7005, 7011. *Veliocasses.* 7283, 7333, 7405, 7417, 7445. Br. 8 p. B.
87 *Calètes.* ATEVLA. Buste à g. ℞. VLATOS. Cheval. Arg. B.
88 *Sénones*, 7405, 7434, 7458, 7527. *Suessiones.* Br. 5 p. B. et TB.
89 *Parisii.* Tête à dr. ℞. Cheval. 1/4 de statère. Or. B.
90 Tête à dr. ℞. Cheval. 7820. *Bellovaques.* 7905, 7951, 7988. — Br. 4 p. B. et TB.
91 *Remes*, 8040. *Incertaines. Lingones.* 1 p. Arg. 11 p. Br. B. et TB.
92 *Morins.* Cheval à dr. 8707. Statère uniface. Or. TB. *Pl. II.*
93 *Trévires.* Œil à dr. ℞. Cheval à g. 8817. Or. TB. *Pl. II.*
94 *Leuques.* Lot de pièces variées, 1 p. Arg. 10 p. Br. B. et TB.
95 *Aduatuques.* 4 bustes de cheval en croix. ℞. Cheval à g. 8868. Br. B.
96 *Lot* de monnaies variées. Arg. et Br. En général B.

MONNAIES FRANÇAISES

97 **Mérovingiens.** *Théodebert I.* TEODEBERTVS VICTOR. Buste à dr. ℞. Dans une couronne croix accostée de AR. Arg. TB. Rarissime. *Pl. II.*

Cette pièce, connue à deux exemplaires, a été publiée en 1890 dans l'Annuaire de la Société de Numismatique, page 20 des procès verbaux.

98 *Autun.* Buste à dr. ℞. AVGVSTO. Croix accostée de AG. Triens Or. TB. *Pl. II.*
99 *Chalon s/S.* CABILLONO FIT. Buste à dr. ℞. WINTRIO MON. Croix accostée de CA. Triens. Or. TB. *Pl. II.*
100 **Carolingiens.** *Charlemagne.* CARLVS REX FR. Croix. ℞. MEDIOL. Monog. Denier. Milan. Arg. TB.
101 *Louis le Débonnaire.* Obole. Melle. *Charles le Chauve.* Bourges. Melle. Deniers. Arg. 3 p. TB.
102 *Henri II et Rodolphe III.* + HENRICVS. Dans le champ ℞. ℞. LVGVDVNVS. Croix. Arg. Très beau. Rare.
103 **Capétiens** (*) *Hugues Capet* et Hérivée de Beauvais. 9. Denier. Arg. TB.
104 *Henri I.* HAINRICVS REX. Suspendus à des pals, A et ω. ℞. PAISIVIS CIVITAS. Croix. 1. Denier. Arg. TB. Très rare. *Pl. II.*

(*) Les numéros se rapportent à l'ouvrage d'Hoffmann, *Monnaies Royales de France.*

105 Orléans anonyme d'ı. AVRELIANIS CIVITAS. Croix portant l'A et l'ω suspendus à ses bras latéraux. ℞. D-I DEXTRA BE circ. et NE D IC TA cantonnant et meublant la porte de la ville. Denier. Arg. TB. Très rare. *Pl. II.*

106 — Obole aux mêmes types. Arg. TB. Très rare.

107 *Louis VI.* Orléans, 8. *Philippe II.* Paris. 1. Arras, 3. *Philippe IV.* Gros tournois, 5. Denier tournois. 16. Royal parisis double. 20. Arg. 6 p. TB.

108 *Louis IX.* Gros à l'étoile, 9. Arg. TB.

109 *Charles IV.* Royal. KOL REX FRACOR. Le roi deb. de face. 1. Or. B.

110 *Philippe VI.* Royal. PHS REX FRACOR. Type du précéd. 1. Or. TB.

111 Ecu. Le roi assis; à sa gauche, écu. 3. Or. TB.

112 Lion. Le roi les pieds sur un lion. 6. Or. TB. Rare. *Pl. II.*

113 Pavillon. Le roi sous un pavillon. 8. Or. TB Rare. *Pl. II.*

114 Chaise. Le roi sur un siège gothique. 14. Or. TB. Rare. *Pl. II.*

115 Gros tournois à l'étoile. 20. Arg. Très beau.

116 Gros à la couronne, 25. Arg. Double parisis, 56. Bill. Ens. 2 p. TB.

117 *Jean le Bon.* Mouton. IOH REX. Agneau. 3. Or. TB.

118 Franc à cheval. Le roi à cheval l'épée haute. 10. Or. TB.

119 Gros à la couronne. FRANCORV REX sous une couronne. ℞. + IOHANNES DEI GRA. Croix fleurdelisée à long pied. En lég. extér. : + BNDICTV, etc. 28. Arg. Très beau. Rare.

120 Piéfort du gros à la queue. TVRONVS CIVIS. Châtel. ℞. IOHANNES REX. Croix à long pied. A l'ext. : + BEDITV, etc. 20. Bill. Très beau et très rare. *Pl. II.*

121 Gros blanc à la fleur de lis. 31. Bill. TB.

122 *Charles V.* Franc à pied. Le roi sous un dais. 2. Or. FDC.

123 Blanc aux fleurs de lis. 7. Billon. TB.

124 *Charles VI.* Ecu. Ecu de France. Tournay. 1. Or. Très beau.

125 Agnel. Croix cantonnée de 3 lis et d'une croisette. 4. Or. TB.

126 Gros au lis. 15. 2 pièces variées. Arg. Très belles.

127 Guénar, 22. Florette, 17 var. Billon. 2 p. TB.

128 *Henri V.* Double tournois. H. REX. ANGL. HERES FRANCO. Léopard et lis. ℞. SIT. etc. Croix avec H en cœur et quatre molettes. Variété de H. 11. Billon. TB. *Pl. II.*

129 *Henri VI.* Salut. L'Annonciation. Dijon. 3. Or. T.B. *Pl. II.*

130 — Autre. Rouen. Or. Très beau.

131 Blanc aux écus, 6. Rouen. Billon TB.

132 Gros de Calais. Buste de face. Arg. TB.

133 *Charles VII.* Ecu. (Molette) KAROLVS, etc... Ecu de France entre deux lis cour. Comp. H. 6. Or. TB. Rare. *Pl. II.*

Fr. à St-Quentin par le Duc de Bourgogne.

134 — Autre. Les lég. commencent par une couronne. 6. Or. TB.
135 — Autre. Lis au commencement des lég. 6 varié. Or. TB.
136 Royal. Le Roi deb. vêtu d'un long manteau. 9. Or. B.
137 Grand blanc. Variété de H. 36. Billon. TB.
138 *Louis XI.* Ecu. Ecu de France. ℞. Croix. 1. Or. TB.
139 — Autre. 2 lis cour. accostent l'écu. ℞. Croix cantonnée de 4 couronnes et chargée d'un P. Perpignan. 6. Or. TB. Rare.
140 Grand blanc au soleil. Perpignan. 22. Bill. TB.
141 *Charles VIII.* Douzain. Coquille au début des lég. 11. Bill. TB.
142 Douzain ; L : T : en fin de lég. 14. Tarascon. Bill. TB. Rare.
143 Carolus du Dauphiné. 22. Bill. TB.
144 *Louis XII.* Ecu. Ecu accosté de porcs épics. 6. Or. TB.
145 Douzain, 26. Douzain de Bretagne, 28. Billon. 2 p. TB.
146 Douzain du Dauphiné, 32. Bill. TB.
147 Dizain à l'L. 39. Bill. TB.
148 *François I.* Ecu. Toulouse. 4. Or. TB.
149 Ecu à la croisette. Rouen. 12. Or. TB.
150 Ecu du Dauphiné. Champ écartelé. ℞. Croix. 19. Or. TB.
151 Teston. Buste à dr. ℞. Ecu de France. 42. Arg. TB.
152 — Champ écartelé de France Dauphiné. 54. Arg. TB.
153 *Henri II.* Double Henri. Buste à dr. ℞. DVM TOTVM COMPLEAT ORBEM 1558. Croix de 4 H accostés de lis et de croissants. Rouen. 26. Or. TB. Rare. *Pl. II.*
154 Teston. Buste nu à dr. 1557. Toulouse. 65. Arg. TB.
155 Teston au moulin. Buste lauré à dr. 1557. Paris. 57. Arg. B.
156 *Charles IX.* Ecu au soleil, 1564. Bordeaux. 1. Or. TB.
157 Teston aux C couronnés. 1561. Toulouse. 10. Arg. TB.
158 — Autre type, 1569. Poitiers. 12. Arg. TB.
159 *Henri III.* Franc. Buste à col rabattu. 20. Arg. TB.
160 — Autre. Buste avec la fraise. 22. Arg. TB.
161 *Charles X*, roi de la Ligue. 1/4 d'écu, 1592. Rouen, 8. Arg. TB.
162 *Henri IV.* Ecu. Ecu de France. ℞. Croix tortillée, fleurdelisée. 1609. Rouen. 5. Or. B. Rare.
163 Demi-franc. Buste à dr. ℞. Croix fleuronnée. 1605. Toulouse. 47 var. Arg. Très beau.
164 Douzain, 63. Douzain de Béarn, 67. Double, 75 et denier tournois, 79. Bill. et cuivre, 4 p. TB.
165 Monnayeurs de Châlons. HENRICVS IIII D. G. FRANCIAE ET NAVARRAE REX et CH liés. Buste lauré à dr. ℞. CATHALAVNENSIS FIDEI MONVMENTVM. Instruments de monnayage. A l'ex. A. A. A. F. F. 1591. Arg. B. Rare. *Pl. II.*
166 *Louis XIII.* Ecu au soleil. 1643. Rouen 6. Or. TB.
167 Louis. Buste à dr. 1641. Paris. 22. Or. Très beau.

168 Demi franc. Buste lauré avec fraise. 60. Arg. B.
169 Autre. Buste nu avec fraise, 62. Arg. B. Rare.
170 Demi-écu ou 30 sols. Buste lauré, drapé. 89. Arg. TB.
171 Ecu ou louis de 60 sols. Buste lauré, drapé, cuirassé, 91. Arg. Très beau.
172 15 deniers. Ecu de France accosté de deux L. ℟. Croix échancrée cantonnée de deux lis et de deux couronelles. Poinçon de Warin. 115. Arg. TB. Rare.
173 *Louis XIV*. Louis. Tête jeune à dr. Mèche courte. 6. Or. TB.
174 Tête juvénile nue à dr. 1681. Lyon. 26. Or. TB. *Pl. II.*
175 Double louis. Buste lauré à dr. ℟. Ecu de France. 1690. Aix. 28. Or. TB. Rare. *Pl. II.*
176 Louis. Mêmes types, 1690. Aix. 29. Or. FDC.
177 Demi-louis. Mêmes types. 1691. Toulouse. 30. Or. TB.
178 Double louis. Buste à dr.; dessous 1694 : ℟. 4 lis en croix cantonnés de 4 L. Paris. 32. Or. TB. Rare.
179 Ecu blanc, mèche courte, 1643. Paris. 55. Arg. Très beau.
180 15 deniers. 1644. Paris. 70. Arg. TB.
181 Demi-écu. Buste juvénile. ℟. Ecu de France. 103. Arg. TB.
182 Ecu de France Navarre Béarn. Buste juvénile. 109. Arg. TB. Rare.
183 Ecu du Parlement. Buste avec cravate. 113. Arg. TB.
184 Ecu. Buste drapé. ℟. Ecu de France. 123. Arg. Très beau. Rare.
185 Ecu Carambole. Ecu écartelé France Bourgogne. 128. Arg. TB.
186 Demi-écu. Même type 129. Arg TB.
187 Ecu aux 8 L. 1691. Dijon. 133. Arg. TB.
188 Ecu aux palmes, 1696. Amiens. 140. Arg. Très beau.
189 Ecu et demi-écu aux insignes, 153. 154. Arg. 2 p. TB. Lég. surfr.
190 Ecu aux 8 L. 1704. Lyon. 174. Arg. TB.
191 30 sols de Strasbourg MONETA NOVA ARGENTINENSIS. Lis. ℟. GLORIA IN EXCELSIS DEO. Dans le champ XXX SOLS 1682. 275. Arg. TB.
192 — Même type. ℟. SIT NOMEN. etc. Ecu de France cerné de palmes. 281. Arg. B.
193 — Autre. ℟. Ecu aux insignes. 283. Arg. TB. Lég. surfr.
194 33 sols de Strasbourg. Epée et main de justice. ℟. Ecu aux palmes. 286. Arg. TB.
195 40 sols de Strasbourg. Buste de Louis XIV. ℟. Ecu accosté de 17-14. 287. Arg. B.
196 Louis XV. Double louis de Noailles. 1717. Paris. 6. Or. B.
197 Louis à la croix de Malte. 1718. Troyes. 9. Or. TB.
198 Louis mirliton. 1723. Rouen. 14. Or. TB.
199 Demi-louis aux lunettes. 1726. Lille. 17. Or. TB.
200 Louis en bandeau. 1766. Orléans. 19. Or. Très beau.

201 Demi-écu de Navarre, 1718. Lyon. 35. Arg. TB.
202 Ecu de France, 1724. Amiens. 40. Arg. Très beau.
203 Cinquième d'écu aux lauriers, 1730. Paris. 52. Arg. FDC.
204 Essai de l'écu au bandeau. Buste à g. ℞. Ecu de France cerné de lauriers, 1740. Paris. 55. Arg. FDC. Rare.
205 Demi-écu au bandeau, 1765. Dijon. 58. Arg. Très beau.
206 Sol de Béarn. Produit des mines de France. 80. Br. TB.
207 *Louis XVI*. Double louis. Buste habillé à g., 1777. Lyon. 2. Or. Très beau, rare dans cet état.
208 Ecu aux lauriers, 1789. Bayonne, 11. Arg. Très beau.
209 Demi-écu aux lauriers, 1791. Paris. 13. Arg. TB.
210 Louis Constitutionnel. 1793. Paris. 59. Or. TB. Rare. *Pl. II.*
211 Ecu constitutionnel. Tête de Louis XVI. ℞. Génie, 1792. Limoges. 60. Arg. Très beau.
212 *République*. 24 livres, 1793. Paris. Or. TB.
213 Six livres. Mêmes types, année, atelier. Arg. Très beau.
214 5 francs à l'Hercule. An 6. Paris. Arg. TB.
215 Lyon. Essai à la Liberté de Galle, 1792. Métal de cloche. TB.
216 — Buste lauré de Mirabeau. Métal de cl. Très beau.
217 *Bonaparte*, premier consul, 2, 1, 1/2, 1/4 fr. Arg. 4 p. TB.
218 *Napoléon*, empereur. ℞. Rép. Française. 2 fr., 1806. Arg. TB.
219 Demi et quart de franc à la Tête de nègre, 1807. Arg. 2 p. FDC.
220 1 franc, 1808. 2 et 1 franc, 1812. Arg. 3 p. TB et FDC.
221 Projet de cent francs par Vassallo. Buste de trois quarts. ℞. EMPIRE FRANÇAIS. Aigle ; dessous 1807. Arg. FDC. Rare.
222 *Louis Napoléon*, roi de Hollande. Ducat 1810. Or. Très beau.
223 50 Stuyvers, 1807, signé GEORGE F. Arg. TB. Rare.
224 *Jérôme* de Westphalie, 10 thaler, 1812. Or. Très beau.
225 *Cattaro*. 1 Franc, 1813. Gravé en creux. Billon d'arg. TB. Rare.
226 *Majorque*. 30 sols, 1808, Ferdinand VII. Octog. Arg. TB.
227 *Barcelone*. 5 pesetas, 1809. Arg. Très belle.
228 *Lot* de monnaies françaises diverses. Arg. et Billon.

JETONS

229 *Moyen Age*. Jetons au type de l'agnel, du royal, de l'écu, du dauphin. Cuivre, 6 p. Très jolis exemplaires.
230 *Marie de Brabant*, 2e femme de Philippe III. Ecu au lion. ℞. Ecu de France. Cuivre. B. Rare.
231 *Jeanne de Navarre*, femme de Philippe IV. Ecu mi-parti. Cuivre. TB. Rare. *Pl. III.*

232 *Jeanne de Bourgogne*, 1re femme de Philippe VI. Ecu mi-parti. Cuivre. TB. Rare.

233 *Charles VI*. KL FRANCORV REX. Ecu de France. ℟. SANS MAL PENSER. Croix. Parait inédit. Cuivre. B. Très rare. *Pl. III*.

234 *Maison du roi*. Poisson. ℟. Rateau. Mereau pour l'office de la cuisine. Cuivre. TB. Rare. *Pl. III*.

235 *Trésor royal*. GETOIRS DES CONTES. Croix formée de clefs. ℟. AS TRESORIERS LE ROY. Ecu. Cuivre. TB.

236 *Chambre aux deniers*. Champ de blé, 1725. Arg. TB.

237 *Ordinaire des guerres*. Ecus de France et de Navarre accolés. ℟. Lis et trophée. 1648. Arg. TB.

238 — Couronnes. 1650. Arg. B.

239 — Aigle. 1653. Arg. FDC. *Pl. III*.

240 — Trophée. 1657. Arg. TB.

241 Buste de Louis XIV. Soleil et trophée, 1677. Arg. TB.

242 — Soleil et lis. A l'ex. ORDINAIRE DES GVERRES PAPAREL 1681. Arg. TB. *Pl. III*.

243 - Soleil éclairant une ville forte et pluie sur la campagne. A l'ex. AERARIVM MILITAR ORDINAIRI 1686. Arg. FDC.

244 — Aigle tenant la foudre, 1688. Arg. TB.

245 — Trois lions allant à g. 1697. Arg. TB.

246 — QUIS IMPUNE LACESSIT. Porc épic. 1703. Arg. Très beau.

247 — Essaim suivant sa reine, 1706. Arg. FDC.

248 — Ruches et abeilles. 1710. Arg. TB.

249 — Pallas assise à g. 1715. Arg. B.

250 Buste de Louis XV. ℟. du précédent. Arg. B.

*251 — Deux éléphants chargés de tours, 1747. Arg. TB.

252 — 1723, 1726, 1739, 1751, 1757. Arg. 5 p. B. et TB.

253 *Extraordinaire des guerres*. Ecus accolés de France et de Navarre. ℟. Main foudroyant un chêne. Arg. TB. *Pl. III*.

254 Buste de Louis XIV. ℟. Essaim suivant sa reine, 1670. Arg. TB.

255 — I EN. AY. LA CLEF. Temple de Janus fermé, 1680 (Capitulation de Strasbourg). Arg. TB. *Pl. III*.

256 — Hercule soutenant le globe, 1710. Arg. Très beau.

257 Mars et la Justice. 1715. ℟. DANIEL FRANCOIS VOYSIN CHANCELLIER DE FRANCE ET SECRÉTAIRE D'ÉTAT DE LA GUERRE. Arg. TB. *Pl. III*.

258 Buste de Louis XV. ℟. Pallas, 1716. Arg. TB.

259 — Main brandissant un javelot, 1717; sur une banderolle, CONSEIL DE LA GUERRE. Arg. FDC. *Pl. III*.

260 — JUSSA VOLANT. La Foudre, 1734. Arg. TB.

261 — NOVIS SUPPETET LABORIBUS. Hercule, 1744. Arg. FDC.

262 — CLAUSIT ET SERVAT. Mars devant le Temple de Janus, 1749 (Paix d'Aix-la-Chapelle). Arg. TB. *Pl. III*.

263 — PARTES ERUMPIT IN OMNES. La foudre, 1759. Arg. TB.
264 — 1732, 1746, 1752, 1760, 1766, 1767, 1770. Arg. 7 p. B. et TB.
265 *Extraordinaire des guerres et cavalerie légère*. Ecus accolés. ℟. La porte de Turin, 1640. Arg. Tres beau. *Pl. III.*
266 — Trophée, 1648 (Paix de Munster). Arg. TB.
267 *Contrôle des guerres*. Ecus accolés. ℟. Roi deb. entre une source et une ville, 1640. Arg. TB. Très rare. *Pl. III.*
268 *Trésorier des guerres*. Ecus accolés. ℟. Arc-en-ciel, 1635. Arg. TB. Rare. *Pl. III.*
269 *Marine*. 1646. Ecu de Maillé de Brezé. ℟. Navires. Cuivre. TB.
270 — 1714. Ecu de Pontchartrain Cuivre. FDC. *Pl. III.*
271 *Galères*. 1705. Ecu de Louis de Vendôme. Cuivre. FDC.
272 — *Conseillers du roi et Notaires*. 1720. Tête laurée de Louis XV (B. 319). Arg. TB. *Pl. III.*
273 *Marchands brodeurs chasubliers*. 1704. Arg. TB
274 *Syndics des Tontines*. Tête de Louis XV, signée fm. ℟. Grue (G. 470). Arg. TB. *Pl. III.*
275 *Chambre des assurances*. Buste de Louis XIV. ℟. Naufragé cramponné à une planche (G. 108). Cuivre. TB. *Pl. III.*
276 *Compagnie d'Assurances* La Royale (établie en 1786). Phénix (G. 400). Oct. Arg TB.
277 *Comptoir Commercial*, 1842 (manque à G.). Arg. TB.
278 — Revers varié (manque à G.). Bronze argenté. TB.
279 *L'Espérance*, assurances, 1844 (manque à G.). Oct. Arg. TB.
280 *La Patrie*, assurances incendie, 1868 (G. 340). Arg. TB.
281 *Marie de Médicis*, 1615. Ecu couronné. ℟. REXIT ET EREXIT. Vigne enlaçant un palmier. Arg. FDC. *Pl. III.*
282 *Jean de Thevalle*, lieutenant-général au gouvernement de Metz. Ecu. ℟. Trophée. 1572. Arg. TB Rare. *Pl. IV.*
283 *Ph. de Croy*. Son buste à dr. ℟. IENNE DE BLOYS DVCHESSE D'ARSCHOT, 1595. Cuivre. TB. *Pl. IV.*
284 — ℟. ET DE PORCEAN Z. PRINCE DE CHIMAY. Cuivre. B.
285 *Henri d'Orléans, duc de Longueville*, souv. de Neuchâtel et sa mère Marie de Bourbon de Saint-Pol. Cuivre TB. *Pl. IV.*
286 *Léchassier*, conseiller, notaire et secrétaire du roi, 1588. Ses armes dans un cartouche Cuivre. TB. *Pl. IV.*
287 *Lorenchet*, conseiller du roi, avocat général de la reine, 1688. Ses armes. ℟. Encensoir sur un autel. Arg. B.
288 *Ch. de Rostaing et Anne Hurault*, 1612. Cuivre. B.
289 — Autre variété, 1641. Cuivre. TB.
290 *F. Besson*, enseigne des cent gardes suisses du roi, 1665. Ses armes. ℟. Drapeau de la Cie. Cuivre. TB. *Pl. IV.*

291 Même écu varié. ℞. EN SERVANT LES AVTRES IE ME CONSVMME. Lampe. 1673. Cuivre. TB.
292 *L. Bachelier et M. A. le Roux* son épouse. Leurs écus accolés. ℞. Monog. Cuivre. TB.
293 *A. Felibien des Avaux*, architecte et littérateur et dame Lemaire. Son buste. ℞. Ecus accolés. 1695. Cuivre. B.
294 Même buste. ℞. Ecu de J. de Bruet de la Chesnais, c[t] la noblesse d'Orléans et dame M. A. Felibien, 1700. Cuivre. TB.
295 Ecus de A. Felibien et de dame Lemaire ℞. Ecus d'A. de Pré de Lovaville et de dame M. F. Felibien, 1710. Cuivre. TB.
296 *C. F. de Bouchet de Sourches*, grand prévôt. Ses armes. ℞. Vapeurs sous le soleil, 1700. Arg. TB. *Pl. IV.*
297 *Indéterminé.* Ecu. ℞. Monog. Cuivre. TB. *Pl. IV.*
298 *Guillotin*, doyen de l'Académie de médecine, 1807-8. Buste à dr. ℞. SANCITIS... etc., 1807 (TN. 29.22). Cuivre. TB.
299 Même buste. ℞. STATVTIS... etc. MDCCCXII. (TN. LIV. II). Cuivre. TB.
300 **Auch.** *Louis d'Este*, cardinal archevêque, 1586. Cuivre. TB.
301 **Besançon.** *Co-gouverneurs.* Belin, 1665, 66. 69. Billerey, 1667, 69. Borrey, 1648. Bouvot, 1665. 66. 67, 69. Buzon de Champdivers. 1665. 1666. Cabet, 1628, 66, 69. Chandiot, 1665, 69. Chevaney de Daniel. 1623, 25. Chifflet, 1666. Duchesne, 1665, 67. Fiard de Mercey, 1669. Flusin. 1648. Franchet de Rans, 1666, 69. Garinet. 1665. Guillemin. 1667. 1671 (buste de Charles II d'Espagne). Henri, 1626, 48. 65, 66. Jouffroy d'Abbans, 1666. La Baume St-Amour. 1630. Linglois, 1665, 66, 69. Lisola, 1648. Maréchal de Bouclans et de Sorans, 1667. Maréchal de Vezet et de Charentenay. 1665, 66, 67, 69 et 1671 (buste de Charles II d'Espagne). Marin, 1669. Marquis, 1623. Monnier, 1665, 66, 67. Mourey de Bartherans, 1625. 1667. Petreman de Velay, 1648. Philippe. 1648. Richard de Boussières, 1667. Sermanges. 1667. Tinseau. 1665, 66, 67, 69. Varin d'Ainvelle, 1669, — Ens. 61 p. Cuivre. En général TB.
Lot très intéressant. à diviser.
302 Ecu de Buson de Champdivers. ℞. Ecu de Valle. Cuivre. TB.
303 Jeton formé des avers réunis de 1665 et 1666. Cuivre. TB.
304 **Bourges.** *Jean de France*, duc de Berry. Ecu à trois lis dans un quadrilobe; bordure de lis et d'I alternés. Cuivre. B. Rare.
305 — Variété. Ecu à 4 lis. Cuivre. B. Rare.
306 *Ste-Chapelle.* + CAPPELLA STI SALVATORIS. Ecu aux trois lis. ℞. PALACII BITVRIS et XXIIII. Cuivre. TB.
307 *St-Ursin.* Croix accostée de S. U. R. X. Cuivre. B.
308 *La Ville.* Jeton du XVIe. TB. 1557, 1632. *Bigot.* 1635. *Monnayeurs.* Cuivre. 5 p.

309 **Bourgogne**. *Philippe le Hardi*. AVE MARIA. Ecu. Cuivre. TB.
310 *Philippe le Bon*. Cuivre. 3 p. variées.
311 *Charles le Téméraire*. Jettoir pour les comptes en Brabant. Cuivre. TB.
312 *Etats*. Ecu de Bourgogne. ℟. Trois couronnes. — Autre, 1580 ; Archimède. Cuivre. 2 p.
313 — 1580. Mercure et la Province. Cuivre. TB.
314 — 1584. Essaim suivant sa reine. Cuivre. TB.
315 — 1591. Mains jointes. Jeton de la Ligue. Cuivre. TB.
316 — Autre. 1587, 1600, 1602, 1605, 1609, 1611. Cuivre. 8 p. AB.
317 — 1614, 1619, 1623, 1627, 1630, 1634, 1636, 1639, 1642. Cuivre. 9 p. B. et TB.
318 — 1645 à 1701. Cuivre. 23 p. La plupart TB.
319 — 1704 à 1773. Cuivre. 19 p. TB.
320 — 1645. SPES VNA SALVTIS. La Paix. Arg. TB. *Pl. IV.*
321 — 1688. Louis XIV sous les traits d'Hercule. Arg. B.
322 — 1728. Armes du pr. de Condé et de sa femme. Arg. TB.
323 — 1731. Vigne entourant un chêne. Arg. TB.
324 — Tête de Louis XVI. ℟. 1776. Ecu de Bourgogne. Arg. TB.
325 — *Elus aux Etats*. Baillet, 1623, 1632. Gissey, 1623. Abraham de Thesut ; Louis de Thesut, 1677. Cuivre. 5 p.
326 D'Hostun, 1694 (2 var.). Julien, 1695. Sonois, Fyot, 1700. La Ramisse, 1703. Cuivre. 6 p. TB.
327 Foudras, 1704. Sercey (2 var.), Challemoux (2 var.), Chartraire (2 var.) 1706 et 1707. Cuivre. 7 p. TB.
328 De Druy, de Pernes, Lemulier, Vitte, Miele, Labotte. Cuivre. 6 p. TB.
329 Chartraire de Montigny, 1713. Arg. TB.
330 Chartraire, Cronambourg, (2 p. variées), de Pons, de Vienne. Cuivre. 5 p. TB.
331 Victor Amédée de la Fage, 1722. Arg. TB.
332 J. Jarry de la Jarrye (1733). Arg. FDC.
333 François Trouvé de Champagne, abbé de Citeaux, 1755. Arg. Très beau. Rare. *Pl. IV.*
334 Rigolay, 1767. Arg. Très beau.
335 F. de La Tournelle, Andoche Pernot, Thyard, Sassenay, La Briffe, de Saulx. Cuivre. 6 p. TB.
336 *Dijon*. CAPELLA SANCTA DIVIONEN. Ecu. ℟. + HIC EST DISCIPVLVS DILECTVS. Notre-Seigneur. Cuivre. TB. *Pl. IV.*
337 — 1579. Lég. variée, même écu. Cuivre. B.
338 St-Etienne, 1558. Mereau du chapitre. Cuivre. B.
339 L'Abeille Bourguignonne, assurances (G. 2). Arg. TB.
340 **Bretagne**. *Etats*, 1681. Buste de Louis XIV. Arg. TB.

341 1693. Louis XIV à cheval. Arg. TB.
342 1703. Tête du roi. Arg. TB.
343 — Jetons de dates variées, Louis XV et XVI. Arg. 12 p. TB.
344 **Chartres.** *Guillard d'Espichellière.* Cuivre. B.
345 *Notaires.* Tête de Louis XVI (B. 72). Arg. TB.
346 — Buste du roi (B. 73). Arg. TB.
347 **Clermont-Ferrand.** *Notaires.* Napoléon I (B. 103). Oct. Arg. TB.
348 **Fontainebleau.** *Charles Chauvin*, Catherine de Barastre, Marie de Maupin (Voir Feuardent 6018). Cuivre.
349 **Flandre et Artois.** *Lefèvre de Caumartin*, 1756. Oct. Cuivre. FDC.
350 **Le Havre.** *L'Equateur*, assur. marit. (G. 195). Oct. Arg. TB.
351 **Languedoc.** Etats. Ecu de la Province, 1719. Arg. TB.
352 — 1723. Le Couronnement. Arg. TB.
353 — 1738. Victoire volant à dr. Cuivre. TB.
354 — 1740. La Province, génie, écu de Crillon. Cuivre. TB.
355 — 1762. Navire. Oct. Arg. TB.
356 — 1773. Ecu de la Province. Arg. TB.
357 Buste de Louis XVI. ℞. Ecu du Languedoc, 1786. Arg. TB.
358 — 1787. Mêmes types variés. Arg. TB.
359 **Laon.** *Notaires.* Napoléon I. (B. 157). Oct. Arg. TB.
360 **Lorraine.** *Charles III.* Buste à dr. ℞. Detrochère tenant une épée. Cuivre. Très beau. *Pl. IV.*
361 — Autres. *Claude* de France, *Henri*, *François*. Cuivre. 16 p.
362 *Dorothée* (fille de François I) et Eric de Brunswick. Jeton de mariage. Argent doré, troué. Très rare. *Pl. IV.*
363 **Lyon.** *Fr. Neuville de Villeroy.* Arg. TB. *Pl. IV.*
364 *Camille Neuville de Villeroy.* 1676. Cuivre. TB.
365 — 1682. Armes de Villeroy. ℞. La Fortune allaitant le duc de Bourgogne. Cuivre. B.
366 *Echevins et prévôts.* Jacques Bourg (1713). Arg. TB.
367 Muguet de Montgant, 1782. Armes de Lyon signées D. V. 1749. Arg. TB. Rare. *Pl. IV.*
368 Dulieu, 1692. ℞. Vue de la Ville. Cuivre. TB.
369 Dareste, 1692. La Royauté et la Ville. Cuivre. TB.
370 Ravat et les échevins, 1713. Echevins, 1719, 1723. Cuivre. 3 p. TB.
371 Président Dugas et les échevins, 1725, 1727, 1729. Pierre Dugas, 1751. Cuivre. 4 p. TB.
372 Perrichon, 1733, 1735, 1737, 1739. Cuivre. 4 p. TB.
373 Claret et les échev., 1741. Les échevins, 1747. De Varax et les échev., 1749. Flachat, 1753. Cuivre. 4 p. TB.
374 **Mulhouse.** Noces d'or. Koechlin, Dollfus, 1819. Cuivre. TB.

375 **Nantes**. *Notaires*. Buste de Louis XV (B. 240). Arg. TB.
376 **Neufchâtel**. *Notaires*. Louis Philippe (B. 253). Arg. TB.
377 **Rouen**. *Assurances*. Louis XVI, 1783. (G. 98). Br. TB. *Pl. IV*.
378 *Sauvegarde des Travailleurs* (G. 412). Oct. Arg. TB.
379 *La Clémentine*, assur. incendie 1840-48. (G. 114). Cuivre. FDC.
380 **St-Germain**. *Manufacture des cuirs*. 1767. Arg. TB. *Pl. IV*.
381 **Soissons**. *Notaires*. Louis XVIII. ℞. Gnomon, 1807. (B. 410). Arg. TB. *Pl. IV*.
382 **Valence**. *Louis de Villars Thoire*. LEX DEI VERA EST. Ses armes. (Voir Gazette, num. 1910, p. 242). Cuivre. B. Très rare.
383 **Vienne**. *St-Maurice*. Buste à g. 1539. Cuivre. Troué. TB.
384 **Versailles**. *Notaires*. Napoléon I. (B. 438). Arg. TB. *Pl. IV*.
385 Louis XVIII (B. 440). Arg. TB.
386 **Ypres**. Tête de Louis XIV. ℞. Ecu de la ville. 1760. Arg. TB.

É. BOURGEY, expert, 7 rue Drouot, Paris

Imp. Le Deley, Paris

É. BOURGEY, expert, 7 rue Drouot., Paris

Imp. Le Deley, Paris

Planche III

BR 231 — BR 233 — BR 234

AR 239 — AR 242 — AR 253 — AR 255 — AR 257

AR 259 — AR 262 — AR 265 — AR 267 — AR 268

BR 270 — AR 272 — AR 274 — BR 275 — AR 281

É. BOURGEY, expert, 7 rue Drouot, Paris

Imp. Le Deley, Paris

BR 283 AR 282 BR 285 BR 286 BR 290

AR 296 BR 297 AR 320 AR 333 AR 363

AR 367 BR 377 AR 380 AR 381 AR 384

BR 360 AR 362 BR 336

E. BOURGEY, expert, 7 rue, Drouot, Paris

Imp. Le Deley, Paris

IMPRIMERIE C. CHAUFOUR
6-8, RUE MILTON, PARIS

www.ingramcontent.com/pod-product-compliance
Ingram Content Group UK Ltd.
Pitfield, Milton Keynes, MK11 3LW, UK
UKHW021929190726
13853UKWH00002B/936